LE
DROIT COMMUN

EST-IL APPLICABLE

AUX ANIMAUX DE L'ESPÈCE BOVINE

AUTREMENT DIT, SOUS L'EMPIRE DE LA LOI DU 2 AOUT 1884
EXISTE-T-IL ENCORE
POUR LES ANIMAUX DE CETTE ESPÈCE
DES DÉFAUTS OU VICES RÉDHIBITOIRES ? NON

PAR

M. L. GARNIER

Ancien vétérinaire à Paris, Licencié en droit
RÉDACTEUR EN CHEF DE LA *PRESSE VÉTÉRINAIRE*.

———◆———

ANGERS
IMPRIMERIE LACHÈSE ET DOLBEAU
4, Chaussée Saint-Pierre, 4
—
1892

LE
DROIT COMMUN

EST-IL APPLICABLE

AUX ANIMAUX DE L'ESPÈCE BOVINE

AUTREMENT DIT, SOUS L'EMPIRE DE LA LOI DU 2 AOUT 1884
EXISTE-T-IL ENCORE
POUR LES ANIMAUX DE CETTE ESPÈCE
DES DÉFAUTS OU VICES RÉDHIBITOIRES ? NON

PAR

M. L. GARNIER

Ancien vétérinaire à Paris, Licencié en droit

RÉDACTEUR EN CHEF DE LA *PRESSE VÉTÉRINAIRE*

ANGERS

IMPRIMERIE LACHÈSE ET DOLBEAU
4, Chaussée Saint-Pierre, 4

1892

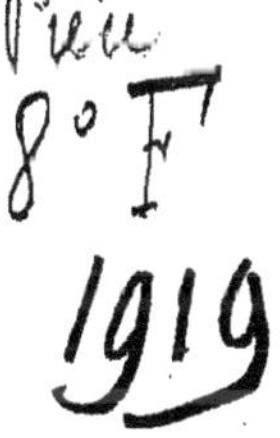

LE
DROIT COMMUN
EST-IL APPLICABLE
AUX ANIMAUX DE L'ESPÈCE BOVINE

AUTREMENT DIT, SOUS L'EMPIRE DE LA LOI DU 2 AOUT 1884
EXISTE-T-IL ENCORE
POUR LES ANIMAUX DE CETTE ESPÈCE
DES DÉFAUTS OU VICES RÉDHIBITOIRES ? NON [1]

Bien que les vétérinaires, sans exception, considèrent la loi du 2 août 1884 comme ayant définitivement exclu de la rédhibition les animaux de l'espèce bovine ; quoique tous soient unanimes à reconnaître que la loi du 20 mai 1838 a été abrogée et que celle qui l'a remplacée a expressément entendu n'admettre aucune action rédhibitoire pour les animaux de cette espèce, dont la vente ne peut, légalement, être désormais résiliée, sauf pour cause de dol et tous autres motifs qui peuvent vicier le consentement des parties : erreur sur la chose, défaut de consentement, incapacité de contracter, etc., etc., il ne m'en paraît pas moins utile de revenir sur cette question, d'autant plus qu'une jurisprudence, contraire à la volonté formelle du législateur, tend à s'établir, qui ne tarderait pas, si nous ne réagissions énergique-

[1] Extrait de la *Presse vétérinaire*, n^os de septembre, octobre et novembre 1891.

ment contre elle, à rendre vaine, illusoire et dangereuse l'œuvre accomplie, il a sept années, par les Chambres.

Bien qu'il soit, je ne me le dissimule pas, dangereux de se trouver en contradiction avec un avocat comme mon ami et collaborateur M. Émile Le Pelletier, dont nos lecteurs ont pu apprécier, dans ce journal, le savoir étendu et l'incontestable compétence juridique, je n'hésite pas, cependant, à venir ici, à nouveau, réfuter une erreur, dont M. Émile Le Pelletier s'est fait le défenseur convaincu et à laquelle, malheureusement, quelques tribunaux de commerce ont donné, au cours de ces derniers temps, la sanction de leur autorité.

Cette erreur, mon ancien condisciple M. Sinoir, de Laval, l'a déjà réfutée dans un très probant article publié par la *Presse* (novembre 1890) ; moi-même, dans un article paru en décembre 1887, je l'avais assez vivement combattue ; nous pensions, Sinoir et moi, en avoir fini avec elle ; je vais essayer de lui donner aujourd'hui le *coup de grâce*.

J'écrivais en 1887 :

« Le Code civil en posant, dans l'article 1625, le principe de la garantie du vendeur à l'égard de l'acheteur, signale, comme l'un des objets donnant lieu à la garantie, les défauts cachés de la chose vendue, ou les vices rédhibitoires, et, dans son article 1641, il ajoute que les défauts cachés qui donnent ouverture à l'action en garantie sont ceux « qui rendent la chose impropre à l'usage « auquel on la destine, ou qui diminuent tellement cet usage que « l'acheteur ne l'aurait pas acquise, ou n'en aurait donné qu'un « moindre prix, s'il les avait connus. »

Enfin, l'article 1648 déclare « que l'action résultant des vices rédhibitoires doit être intentée par l'acquéreur dans un bref délai, suivant la nature des vices rédhibitoires et l'usage des lieux où la vente a été faite. »

Le Code civil ne spécifie donc, dans les articles précités, ni les défauts cachés qui, dans le commerce des animaux domestiques, peuvent entraîner une action en garantie, ni les délais dans lesquels cette action doit être intentée.

« Aussi, ces dispositions incomplètes font-elles naître de nom-« breuses contestations judiciaires. Les Tribunaux civils et les « Tribunaux de commerce sont divisés sur leur application.

« Les uns décident que l'article 1641 doit être exécuté dans sa « généralité, nonobstant la nature des vices, la différence des « délais et la diversité des usages locaux ; les autres jugent, au

« contraire, que le principe général de l'article 1641 est modifié
« par les dispositions plus restrictives de l'article 1648. Enfin, ils
« ne s'accordent point sur l'interprétation que doit recevoir ce
« dernier article, ni sur la question de savoir s'il se réfère à
« l'usage des lieux, seulement pour la fixation des délais, ou s'il y
« renvoie également pour déterminer quels sont les vices rédhi-
« bitoires.

« Un autre inconvénient c'est que, parmi ces vices dont il est si
« souvent difficile d'apprécier les caractères, il en est qui, dans
« certaines localités, sont considérés comme rédhibitoires, et qui,
« dans d'autres, n'entraînent aucun recours.

« La durée de la garantie n'est pas moins variable que la na-
« ture des vices ; elle se modifie suivant les départements, quel-
« quefois aussi suivant les communes limitrophes. La diversité
« des usages locaux qui régissent les contrats de vente ou
« d'échange de cette nature, donne donc sans cesse lieu à des
« doutes sur l'étendue qu'ils peuvent avoir ou la sécurité qu'ils
« peuvent offrir.

« On ne peut méconnaître que la législation actuelle favorise,
« par l'incertitude de ses dispositions, la fraude et la mauvaise
« foi ; qu'elle n'apporte ainsi des entraves aux relations commer-
« ciales, et qu'en abandonnant aux Tribunaux l'application de
« circonstances aussi diverses elle ne leur laisse une trop grande
« latitude pour leurs décisions, et ne substitue souvent l'arbitraire
« aux principes fixes et invariables qui devraient leur servir de
« règles.

« C'est pour remédier aux abus qui résultent de cet état de
« choses que le Gouvernement a reconnu la nécessité de préparer
« un projet de loi sur une matière qui intéresse à un si haut degré
« le commerce et l'agriculture.

« A cet effet, dès 1834, une circulaire avait été adressée aux
« Préfets pour leur soumettre plusieurs questions propres à
« éclairer l'administration sur les usages suivis dans les dépar-
« tements et sur les dispositions qu'il leur paraît utile d'introduire
« dans la loi qui devait intervenir.

« De l'examen des réponses des Préfets, comparées aux avis
« des trois Écoles vétérinaires d'Alfort, de Lyon et de Toulouse,
« qui avaient été aussi consultées, est résulté un projet de loi qui
« vient d'être communiqué aux Conseils généraux et aux Conseils
« d'arrondissement dans leur dernière session. C'est ce projet
« modifié d'après les documents transmis par soixante-quinze

« départements, et pour la rédaction définitive duquel nous
« avons appelé le concours d'hommes spécialement versés dans
« cette matière, que nous avons l'honneur de soumettre à vos
« délibérations.

« Il a pour objet d'établir une législation uniforme, d'énumérer
« les vices cachés à l'égard desquels l'acheteur doit être garanti
« par le vendeur, et de fixer les délais dans lesquels ce dernier
« peut exercer son action, en proportionnant toutefois leur durée
« à la nature des vices.

« En déterminant quels sont les vices qui peuvent seuls donner
« ouverture à l'action rédhibitoire, et en fixant la durée des
« délais, le projet de loi environne le contrat de vente d'une plus
« grande garantie, oblige l'acheteur à plus de prudence, et le
« vendeur à plus de loyauté. Il prescrit aux Tribunaux des règles
« certaines dont l'effet sera de mettre un terme à la contrariété
« des jugements, à des ventes simulées, à ces recours successifs
« qui favorisent les fraudes et multiplient les contestations judi-
« ciaires. — En diminuant ainsi le nombre des procès et en pro-
« tégeant les transactions commerciales, le projet de loi satisfera
« à l'un des besoins les plus pressants de l'agriculture et du
« commerce, et répondra aux vœux unanimes et répétés du pays.

« Substituer l'uniformité de la loi à la diversité des coutumes,
« la fixité de la jurisprudence à la contrariété des jugements, les
« règles certaines et invariables du droit à l'appréciation discré-
« tionnaire des Tribunaux, prévenir la fraude et la réprimer, pro-
« téger les transactions, diminuer le nombre des procès, tels sont
« les principaux avantages que présente le projet de loi.

« Le projet de loi n'a trait qu'à la détermination des cas rédhi-
« bitoires, des délais pendant lesquels l'action peut être intentée,
« et de quelques formes économiques et abréviatives de procé-
« dure. Il ne déroge à aucun des autres points de droit civil ni de
« procédure relatifs à la vente, pas plus qu'aux lois de police sa-
« nitaire.

« Cette loi n'est rédigée ni contre les vendeurs, ni contre les
« acheteurs, ni contre les éleveurs, ni contre les marchands.
« Elle l'est dans l'intérêt général de la société. Elle a pour but
« de faire cesser les contradictions de la jurisprudence, d'établir
« une nomenclature à la place de l'article 1641 : d'offrir des
« règles au juge ; de lever l'incertitude dans les marchés ; d'y
« faire cesser la fraude ; de faire régner la bonne foi et la probité
« dans un commerce d'où elles semblent trop souvent bannies,

« où l'on se fait trop souvent un jeu de la ruse et de la super-
« cherie. » (Extrait du discours de M. Lherbette à la Chambre des
députés, séance du 26 avril 1838.)

Qu'a voulu le législateur de 1838 ? Il a voulu faire cesser la
sorte d'anarchie légale qui jusqu'alors avait été la règle des
experts et des juges : les premiers ne s'entendant pas entre eux
sur le caractère et la nature des vices rédhibitoires, les seconds
exposés à rendre des jugements contradictoires et n'ayant pour
se guider que les vagues formules des articles du Code civil :
l'action résultant des vices rédhibitoires devant être intentée par
l'acquéreur, dans un dref délai, suivant la nature des vices rédhibitoires et l'usage des lieux où la vente a été faite.

Mais ces vices, quels étaient-ils ? Ils variaient de province à
province, de département à département et souvent de commune
à commune. Ici, la ladrerie était rédhibitoire ; là, c'était le tour-
nis et la pourriture ; dans quelques pays la morve, la pousse, la
fluxion périodique étaient rédhibitoires ; dans d'autres, le Haut-
Dauphiné, par exemple, étaient seuls rédhibitoires la fluxion périodique et la claudication du vieux mal. Quant aux délais, ils
variaient de vingt-quatre heures pour la ladrerie, à quarante
jours et à trois mois : quarante jours pour la fluxion et la boiterie
dans le Dauphiné, trois mois pour la pourriture dans les Basses-
Alpes.

Le but de la loi de 1838 a été de dresser une nomenclature uniforme des vices rédhibitoires, de déterminer suivant quels délais
pour chacun d'eux l'action rédhibitoire pourrait être valablement
intentée, et de fixer, en les dénommant expressément, les espèces
animales susceptibles de rédhibition.

Depuis le 20 mai 1838 jusqu'au 2 août 1884, la doctrine et la
jurisprudence, d'accord en cela avec les vétérinaires, ont été
unanimes à reconnaître que seule était susceptible d'entraîner la
rédhibition, la vente des animaux désignés à l'article 1er de la loi
du 20 mai, et que seuls aussi étaient cas rédhibitoires les vices
énumérés au même article.

Sous l'empire de la loi du 20 mai, loi promulguée exclusive-
ment dans le but de limiter le nombre des espèces animales et des
vices rédhibitoires, personne n'a soutenu que, s'appliquant seulement au cheval, au bœuf et au mouton, elle avait, en ne parlant ni
du porc, ni du chien par exemple, laissé ces animaux soumis au
droit commun ; persuadé qu'on était que leur omission volontaire
et réfléchie de la part du législateur était une preuve certaine

qu'il avait voulu empêcher désormais pour eux une action rédhibitoire quelle qu'elle soit.

La loi du 20 mai a été limitative et quant aux espèces et quant aux vices rédhibitoires, tel a toujours été l'avis de la jurisprudence, et celui aussi des vétérinaires Renault, Yvart et Bouley jeune qui ont coopéré à sa préparation.

La ladrerie du porc nous en fournit la preuve irréfutable. — Rédhibitoire suivant la plupart de nos anciennes coutumes et aux termes de l'article 1641 du Code civil, puisqu'elle constitue un vice caché qui eût certainement empêché la vente si l'acheteur l'avait connue, la ladrerie fut également comprise parmi les vices rédhibitoires dans le projet de loi présenté à la Chambre des pairs par M. Martin, du Nord, dans la séance du 5 janvier 1838. « Cette maladie, dit-il, qui ne saurait être imputée à l'acheteur, dans le délai de la garantie, altère la chair de l'animal et déprécie sa valeur ; en la classant parmi les vices rédhibitoires, le projet a eu surtout en vue de veiller à la principale nourriture des habitants des campagnes. »

Adopté presque intégralement par la Chambre des pairs, ce projet de loi fut présenté à la Chambre des députés par le Ministre de l'agriculture, le 5 mars 1838 ; une commission chargée de l'étudier et de l'amender fut nommée par la Chambre des députés et, dans la séance du 24 avril, son éloquent rapporteur. M. Lherbette, disait : » Pour le porc, nous effaçons le seul cas rédhibitoire énoncé au projet : la ladrerie. Nous savons que cette maladie est grave, qu'elle diminue la valeur de la chair de l'animal ; que cette chair est la principale nourriture du pauvre ; que plusieurs usages locaux et les statuts des charcutiers de Paris avaient mis la ladrerie au nombre des cas rédhibitoires, que plusieurs auteurs estimés approuvent cette décision ; mais, en général, cette maladie est facile à reconnaître, et la chair de l'animal, si elle diminue de valeur, n'en reste pas moins saine. Cette dépréciation n'est même pas très considérable. »

Malgré les excellentes raisons données par le commissaire du roi, M. Bouley (de la Meurthe), qui, s'appuyant sur l'avis conforme des trois Écoles vétérinaires et des Conseils généraux de soixante et un départements, aurait voulu maintenir la ladrerie parmi les vices rédhibitoires, l'opinion de M. Lherbette l'emporta et la ladrerie fut définitivement exclue de la nomenclature de la loi nouvelle. — Ainsi, de la discussion qui précéda la promulgation de la loi du 20 mai 1838, il découle que le législateur n'a pas voulu faire de la ladrerie un vice rédhibitoire, et de la teneur de cette loi elle-même il résulte que parmi les vices rédhibitoires, nominativement désignés, la ladrerie du porc n'est pas comprise.

C'est en ce sens, d'ailleurs, que, depuis 1838, s'est fixée la jurisprudence, dans différents arrêts et notamment dans un arrêt de cassation du 14 avril 1855, très court, très substantiel et qui résume avec clarté le sens et la portée de l'article 1er de la loi du 20 mai 1838.

Voici cet arrêt :

Vices rédhibitoires. — Animaux domestiques. — Porcs. — Ladrerie.

La loi du 20 mai 1838, concernant les vices rédhibitoires dans les ventes et échanges d'animaux domestiques, est doublement limitative, quant aux maladies ou défauts qu'elle désigne spécialement et quant aux espèces d'animaux pour lesquelles les maladies ou défauts cachés sont admis comme vices rédhibitoires. (Loi du 20 mai 1838, art. 1er du Code civil, art. 1641 et 1642.)

En conséquence, il n'y a lieu à rédhibition qu'en cas de vente des animaux des espèces chevaline, ovine et bovine, et seulement pour les maladies et les défauts spécialement déterminés ;

Et spécialement, la ladrerie du porc n'est pas un vice rédhibitoire dans le sens de la loi du 20 mai 1838.

Franquelin contre Goiffon.

Ainsi l'avait décidé un jugement du Tribunal de commerce de la Seine du 9 février 1853. Pourvoi en cassation en violation de l'article 1641 du Code civil. Arrêt (après délibération dans la chambre du Conseil) :

La Cour :

Attendu que la loi du 20 mai 1838 s'applique d'une manière générale aux vices rédhibitoires dans les ventes et échanges d'animaux domestiques ; qu'elle est limitative en ce sens qu'elle n'admet comme vices rédhibitoires donnant lieu, lors de la vente de ces animaux, à l'action résultant de l'article 1641 du Code civil, que les maladies et les défauts qu'elle désigne spécialement, — qu'elle est limitative, également, en ce qu'elle détermine spécialement les espèces d'animaux dans lesquelles les vices et défauts cachés donneront lieu à cette action ; qu'ainsi elle ne leur donne ouverture que pour les animaux des espèces chevaline, ovine et bovine, d'où il suit qu'en décidant qu'il n'y avait pas lieu à exercer l'action rédhibitoire pour la ladrerie du porc, le jugement attaqué n'a fait qu'une juste application de cette loi et n'a pas violé l'article 1641 du Code civil ; — rejette le pourvoi formé contre le jugement du Tribunal de commerce de la Seine du 9 février 1853. (Du 17 avril 1885, Chambre civile : MM. Bérenger, président ; — Delapalme, rapporteur ; — Nicias-Gaillard, premier avocat général ; — Morin et Dubois, avocats ; D. P., 55, 1, 176.)

La loi du 20 mai 1838 n'ayant point parlé du porc, on en aurait pu conclure pendant les quarante-six ans qu'elle a vécu que le porc, non visé par elle, était soumis au droit commun des articles 1641 et suivants du Code civil ; c'est cette conclusion que la Cour suprême a condamnée et dont s'est inspiré le législateur de 1884 quand il a, dans sa nomenclature nouvelle, inscrit la ladrerie du porc au nombre des vices rédhibitoires.

La loi du 20 mai 1838 avait trouvé juste de limiter pour le bœuf le nombre des services rédhibitoires ; le législateur de 1884, s'inspirant de l'opinion des sociétés scientifiques et de la majorité des vétérinaires français, a pensé qu'il y avait pour le bœuf, trop de vices rédhibitoires encore, et c'est pour cela qu'il a exclu cet animal de la rédhibition, comme celui de 1838 en avait exclu le porc. Si, sous la législation de 1838, le porc a été considéré comme un animal non susceptible de rédhibition, quoique, bien entendu, la vente en fût annulable pour cause de dol, il doit, pour la même raison, en être de même du bœuf, avec la loi actuelle du 2 août 1884.

Soutenir que l'espèce bovine, non désignée *avec intention* dans la loi du 2 août, doit être soumise au droit commun des articles 1641 et suivants du Code civil, c'est nous plonger à nouveau dans le chaos que la loi de 1838 avait précisément voulu détruire ; c'est reculer d'un demi-siècle en arrière ; c'est nous ramener à des abus mille fois signalés et créer infailliblement ces différences d'interprétation de la part des experts et ces contrariétés de jugements signalées par M. Lherbette, que la loi de 1838 a essayé d'empêcher et auxquelles, instruit par l'expérience, le législateur de 1884 a voulu définitivement mettre un terme.

La loi du 2 août 1884 a voulu supprimer et a supprimé toute
action rédhibitoire pour les animaux de l'espèce bovine ; voilà ce
qui résulte, avec évidence, et de son texte et des discussions qui
l'ont précédée, comme des conclusions des rapporteurs soit au
Sénat, soit à la Chambre des députés.

L'acheteur d'un bœuf, d'une vache ou d'un veau achète à ses
risques et périls. S'il est capable de contracter et si le vendeur
n'a commis aucun dol, la vente est parfaite, l'acquéreur doit en
payer le prix et ne peut, sous aucun prétexte, en poursuivre la
rédhibition. Telle a été la volonté expresse, formelle du législateur, en tant qu'il ne s'agit pas, bien entendu, de bêtes achetées
pour la boucherie.

Il y a, en France, treize millions environ de bêtes bovines
représentant un capital de plus trois milliards ; eh bien , ce
capital énorme est, légalement, en dehors de la loi du 2 août 1884,
comme en dehors du droit commun ; il n'est justiciable ni de la
loi sur les vices rédhibitoires, ni des articles 1641 et suivants du
Code civil : telle est la loi : *dura lex*, si l'on veut, *sed lex*.

Cette conclusion que je formule ici va faire, j'en suis sûr, bon-
dir mon savant ami M. Émile Le Pelletier, qui, à maintes re-
prises déjà, l'a combattue, et qui a eu la bonne fortune de voir
la doctrine qu'il soutient, mais que je combats, approuvée par
les tribunaux.

« On a vu que l'article 2, dit M. Le Pelletier dans son *Manuel*
(première édition, page 14), ne comprend pas l'espèce bovine
parmi les animaux qu'il énumère. Il en résulte que la loi du
2 août 1884, loi d'exception dont l'application est limitée aux animaux domestiques et aux vices rédhibitoires qu'elle énumère, ne
concerne pas l'espèce bovine. Cette espèce est, cependant, une des
plus importantes de nos animaux domestiques. Elle donne lieu à
des marchés qui s'élèvent, chaque année, à des sommes considérables. Aussi nos agriculteurs tendent-ils, de plus en plus, à
s'occuper de l'élevage de cette espèce et à en développer la production. Les bœufs sont achetés pour le travail ; ils remplacent
les chevaux pour l'attelage et servent à la charrue. Les vaches
sont achetées pour les mêmes usages et surtout pour la repro-
duction de l'espèce et la production du lait.

« Après l'étape du travail ou de ces divers usages fournie, cette
espèce est engraissée pour être livrée à la consommation. Elle
ne sert aussi, souvent, qu'à ce dernier usage et n'est élevée qu'en
vue de fournir de la viande sur pied destinée à l'abattoir.

« Quelle que soit l'une ou l'autre de ces deux destinations, en vue de laquelle les animaux de cette espèce sont achetés, l'acheteur doit être garanti des vices cachés empêchant l'animal de remplir le but qu'il s'est proposé en l'achetant. »

Cette obligation du vendeur est, dit Pothier (n° 203 de son traité de la Vente), « une suite de celle que contracte le vendeur de faire avoir à l'acheteur la chose vendue ; car, l'obliger à faire avoir la chose dans l'intention des parties, est l'obliger à la faire avoir utilement, puisqu'en vain l'acheteur a, utilement, une chose qui ne peut lui être d'aucun usage. »

Le Code civil, dans l'article 1641, a reproduit ce principe du contrat de vente dans les termes suivants : « Le vendeur est tenu « de la garantie à raison des défauts cachés de la chose vendue « qui la rendent impropre à l'usage auquel on la destine ou qui « diminuent tellement cet usage que l'acheteur ne l'aurait pas « acquise, ou n'en aurait donné qu'un moindre prix, s'il les avait « connus. »

Cette obligation du vendeur lui est si expressément imposée qu'elle existe sans qu'elle ait été stipulée, alors même qu'il n'aurait pas connu les vices cachés et aurait été, par suite, de bonne foi. Il n'en est affranchi que s'il a stipulé qu'il ne sera tenu à aucune garantie. (Code civil, art. 1643.)

Les principes qui sont de la nature du contrat de vente sont appliqués, quel que soit l'objet de la vente. Une disposition de loi spéciale et exceptionnelle peut seule y porter atteinte.

Cette exception se produit pour les espèces chevaline, ovine et porcine, par la loi du 2 août 1884, qui limite, pour ces trois espèces d'animaux, les vices rédhibitoires et prescrit des délais et des modalités exceptionnels, auxquels elle subordonne la faculté de l'exercice de l'action rédhibitoire.

Pour les autres espèces d'animaux dont la loi du 2 août ne s'occupe pas, qu'il s'agisse de la race canine, des animaux de basse-cour ou, en un mot, de tous les autres animaux achetés ou échangés et, notamment, de ceux composant l'espèce bovine, les principes du droit commun doivent être appliqués.

« L'action rédhibitoire doit donc être autorisée pour tous les animaux non compris dans la loi du 2 août 1884, et, notamment, pour l'espèce bovine, à raison de tous vices, maladies ou défauts cachés réunissant les conditions énoncées dans l'article 1641 du Code civil. »

Ainsi, voilà qui est clair ; selon M. Émile Le Pelletier, la loi du

2 août 1884 ne s'appliquant qu'aux animaux et aux vices qu'elle désigne nominalement, sont soumis au droit commun des articles 1641 et suivants tous ceux qu'elle a volontairement omis dans son énumération. La loi du 2 août 1884 n'ayant pas parlé des animaux de l'espèce bovine, ne les ayant pas soumis, elle, loi d'exception, aux règles qu'elle édicte, ces animaux demeurent régis, et pour l'action rédhibitoire et pour les vices cachés dont ils peuvent être atteints, par le droit commun, par le Code civil, c'est-à-dire par la loi antérieure à 1838, loi que le législateur du 20 mai avait abrogée et que nous pensions avoir été abrogée de même par le législateur de 1884.

Eh bien, c'est cette doctrine que je considère comme une erreur, et une erreur d'autant plus dangereuse qu'elle est défendue avec un très grand talent par son auteur ; eh bien, c'est cette doctrine que je veux combattre et, je l'espère, détruire entièrement.

La théorie de M. Émile Le Pelletier a été acceptée par quelques tribunaux de commerce ; notamment par ceux de Corbeil, de Nogent-le-Rotrou, de Pontoise et de la Seine. Les jugements des tribunaux de commerce de Pontoise et de la Seine en particulier, ne laissent aucun doute à cet égard : « *Attendu, dit le tribunal de Pontoise (4 août 1890), que la loi d'exception du 2 août 1884 n'ayant pas compris l'espèce bovine dans ses dispositions, c'est le droit commun qui doit être applicable en l'espèce, ainsi que l'admet d'ailleurs une jurisprudence devenue constante.* »

« *Attendu, dit le Tribunal de commerce de la Seine (19 juillet 1887), que la loi du 2 août 1884 est muette en ce qui concerne l'espèce bovine ; qu'il faut donc en conclure que le législateur a voulu la mettre en dehors de la réglementation nouvelle à laquelle il assujettissait divers autres animaux nommément désignés, et la laisser soumise au droit commun, etc.* »

Aux juges de Corbeil, de Nogent-le-Rotrou, de Pontoise et de la Seine, je répondrai avec déférence, mais avec conviction, comme à M. Le Pelletier, qu'ils se trompent : *quod est demonstrandum*, ce qu'il me reste à démontrer.

Tout le monde est d'accord et M. Le Pelletier, sur ce point, ne me démentira pas, tout le monde est d'accord pour reconnaître que la loi du 2 août 1884 s'est inspirée des principes de la loi du 20 mai 1838 ; elle en a respecté les grandes lignes et limité seulement le champ d'application.

Que dit l'article 1er de la loi de 1838 ? « *Sont réputés vices rédhi-*

bitoires et donneront seuls ouverture à l'action résultant de l'ar-
ticle 1641 du Code civil, dans les ventes ou échanges d'animaux
domestiques ci-dessous dénommés, sans distinction des localités où
les ventes ou échanges auront eu lieu, les maladies ou défauts ci-
après : pour le cheval, l'âne ou le mulet, etc.; pour l'espèce bovine,
etc.; pour l'espèce ovine, etc. »

Cet article 1ᵉʳ de la loi du 20 mai 1838 est devenu l'article 2 de
la loi du 2 août 1884, ainsi conçu : « *Sont réputés vices rédhibi-*
toires et donnent seuls ouverture aux actions résultant des ar-
ticles 1641 et suivants du Code civil, sans distinction des localités
où les ventes et échanges auront eu lieu, pour le cheval, l'âne et le
mulet, etc.; pour l'espèce ovine, etc.; pour l'espèce porcine, etc. »
A part les mots : actions résultant des articles 1641 et suivants
du Code civil substitués à ceux d'action résultant de l'article 1641,
et à part ceux « *dans les ventes ou échanges d'animaux domes-*
tiques ci-dessous dénommés » qui existaient dans la rédaction de
1838 et qui n'existent pas dans celle de 1884, les deux articles
sont identiques, visent le même but et ont la même portée ; la loi
de 1884, comme celle de 1838, ne devant s'appliquer qu'aux animaux et aux vices qu'elle dénomme expressément et plaçant en
dehors de la rédhibition, en dehors du droit commun, tous ceux
qu'elle a à dessein omis dans son énumération.

La loi de 1838 n'avait pas parlé du porc ; en 1855, des juriscon-
sultes ont soutenu, comme de nos jours M. Le Pelletier pour
l'espèce bovine, que le porc, omis dans la loi de 1838, devait être,
quant à la vente dont il pouvait être l'objet, soumis au droit commun. Interrogée, la Cour suprême a répondu que la loi du
20 mai 1838 était limitative quant aux animaux et quant aux
vices et que, en dehors des animaux qu'elle désigne et pour les
vices qu'elle énumère, il n'y avait pas d'action rédhibitoire.
Pourquoi, ce qui était vrai pour le porc il y a trente-cinq ans,
ne le serait-il pas pour le bœuf et la vache aujourd'hui ? mêmes
motifs, même solution par conséquent.

A l'appui de sa théorie, M. Le Pelletier fait valoir des raisons
d'ordre économique et historique. Il ne comprend pas que les
animaux de l'espèce bovine qui jouent un rôle si important dans
la production agricole, soient frappés d'une sorte d'ostracisme
légal, qui les place comme des parias en dehors de la loi, con-
trairement, selon lui, à toute équité et à toute justice, et comme,
lorsqu'en droit un texte ne régit pas spécialement une matière,
on s'en réfère aux principes du droit commun, il soutient que

pour les animaux de l'espèce bovine omis par la loi du 2 août, on doit s'en référer de même au droit commun. Quant aux arguments historiques tirés d'une citation de Pothier, ils ne portent pas, pour cette excellente raison que la loi du 2 août 1884 est une loi d'exception dérogeant au droit commun, et conséquemment à l'opinion de Pothier, qui ne visait que l'application du droit commun à la vente.

Quand on discute, quand on raisonne sur un texte obscur de droit, et j'avoue que la loi du 2 août 1884 offre, en certaines de ses parties, quelques ambiguités, il faut se reporter aux discussions qui ont précédé et accompagné la promulgation de cette loi. C'est là, dans ces discussions comme dans les rapports des Commissions, qu'on découvre la pensée intime, obscure parfois du législateur, qu'on apprend ce qu'il a voulu dire et quelle est, en définitive, la véritable signification de la loi promulguée.

Il faut aller plus loin encore ; il faut surtout, quand il s'agit de matières spéciales ressortissant de l'hygiène, de l'agriculture ou de la médecine, s'assurer de l'opinion des hygiénistes, des médecins, des agriculteurs qui, dans les Académies, les Sociétés ou les Congrès, ont préalablement étudié les questions, posé les jalons, résolu les problèmes, tracé, en un mot, au législateur la voie qu'il doit suivre, aidé, facilité, éclairé son travail pour lui permettre de le traduire en loi avec plus d'autorité, de maturité et de compétence ; car la loi du 2 août n'est pas, comme la Minerve antique, sortie tout armée de la tête de Jupiter, de nos législateurs, devrais-je dire.

Il y a plus de trente ans déjà, la Société centrale, *notre Académie vétérinaire*, était d'avis qu'il fallait refaire la loi de 1838 et que, pour le bœuf notamment, le nombre des vices rédhibitoires était trop considérable et qu'il était urgent de le réduire.

Au Congrès national vétérinaire tenu à Paris en 1878, à la séance du 14 septembre, une discussion très approfondie eut lieu sur les modifications à apporter à la loi du 20 mai 1838. Il y avait là cinq cents vétérinaires, venus de tous les points du pays, et représentant l'opinion de tous les vétérinaires français ; et sur la proposition de M. Boutet, de Chartres, membre correspondant de l'Académie de médecine et de M. Henri Bouley, inspecteur général des Écoles vétérinaires, membre de l'Institut, les vétérinaires réunis votèrent à l'unanimité la suppression, pour le bœuf, *de la phtisie pulmonaire ou pommelière, de l'épilepsie et du renverse-*

ment du vagin ou de l'utérus. Seules furent maintenues « *les suites de la non délivrance.* »

« *En conséquence, dit le compte rendu (page 301), le Congrès exprime le vœu que parmi les vices rédhibitoires de l'espèce bovine de la loi du 20 mai 1838, on conserve seulement les suites de la non délivrance après le part chez le vendeur.* »

Quatre ans plus tard, au Congrès vétérinaire tenu à Caen, en 1882, le Grand Conseil, émanation des Sociétés vétérinaires françaises, va plus loin encore que le Congrès de 1878 : *il déclare à l'unanimité qu'il n'y a lieu de maintenir aucun vice rédhibitoire pour l'espèce bovine.*

Que dit maintenant le Conseil d'Etat impérial ? que disent les Ministres dans leur projet de loi ? que disent les rapporteurs de la loi, soit au Sénat, soit à la Chambre des Députés, qui ont tout bonnement repris l'œuvre commencée par l'Empire, et dont ils ont fait, sauf quelques modifications insignifiantes, la loi actuelle sur les vices rédhibitoires ?

« *Dans l'espèce bovine*, dit le projet de loi présenté au Sénat le 13 juillet 1876, par MM. Teisserenc de Bort, de Marcère et Christophe, le projet fait disparaître du nombre des vices rédhibitoires, l'*épilepsie* dont nous avons déjà parlé à propos du cheval ; le *renversement du vagin* qui n'a pas de conséquences suffisamment dommageables ; le *renversement de l'utérus*, assez rare pour qu'il soit tout à fait inutile de s'en occuper et enfin la *phtisie pulmonaire.*

« Cette dernière maladie qu'on appelle vulgairement la *pommelière,* est celle qui a occasionné les attaques les plus vives contre la loi de 1838. Il paraît certain qu'elle a donné lieu partout à des procès très nombreux : il paraît certain aussi que, hors les cas où l'autopsie est possible, la science ne fournit aucune preuve assurée de l'existence du mal. Il en résulte que le sort d'un procès fondé sur ce vice rédhibitoire est toujours très douteux. Les expertises se multiplient, se contredisent ; la mise en fourrière se prolonge pendant des mois entiers ; la dépense devient énorme. On cite tel procès qui a coûté 3,000 fr. à propos d'un animal qui ne valait pas 300 fr...

« *Au moyen de ces modifications il ne reste plus de vices rédhibitoires pour les bœufs ;* la vache seule peut donner lieu à des réclamations de cette nature, si le part est *antérieur à la livraison...* »

Écoutons maintenant M. Émile Labiche dans son rapport lu au Sénat dans sa séance du 25 juillet 1881.

Nomenclature des vices rédhibitoires.

« La fin de l'article 2 est consacrée à la nomenclature des vices rédhibitoires. Sur cette question technique, nous avons utilement étudié les discussions qui ont eu lieu en 1858 et en 1868, devant la Société impériale et centrale de médecine vétérinaire, et notamment les discours de MM. Leblanc, Bouley, Renault et Garreau.

Le Rapporteur s'est également beaucoup aidé d'un excellent mémoire de M. D. Boutet, vétérinaire, membre correspondant de l'Académie de médecine de Paris et des avis de M. Trasbot, professeur à l'École vétérinaire d'Alfort [1].

Pour plus de clarté, nous examinerons successivement :

1° Les vices dont la Commission accepte la suppression proposée par le Conseil d'État ;

2° Les vices dont la Commission n'accepte pas le maintien demandé par le Conseil d'État ;

3° Les vices dont la Commission repousse l'introduction proposée par le Conseil d'État ;

4° Enfin, les vices que la Commission, d'accord avec le Conseil d'État, propose de maintenir ou d'introduire dans la loi.

I. — Vices dont la suppression est proposée par la Commission d'accord avec le Conseil d'État

Pour le cheval, l'âne et le mulet :

1° *La fluxion périodique ;* 2° *l'épilepsie ou mal caduc ;* 3° *les maladies anciennes de poitrine ou vieilles courbatures ;* 4° *les hernies inguinales intermittentes.*

Pour l'espèce bovine :

5° *La phtisie pulmonaire ou pommelière ;* 6° *l'épilepsie ou mal caduc ;* 7° *le renversement du vagin ou de l'utérus, après le part chez le vendeur.*

[1] M. Boutet et M. Trasbot, partisans tous deux de la suppression des vices rédhibitoires pour l'espèce bovine.

II. — Vices dont la commission n'accepte pas le maintien proposé
par le Conseil d'État

Pour l'espèce bovine :

8° *Les suites de la non-délivrance après le part chez le vendeur.*

La non-délivrance est un mal toujours très récent et ordinairement très apparent ; sauf le cas de dissimulation du mal, c'est, dans l'immense majorité des cas, un accident facile à guérir. En l'inscrivant au nombre des vices rédhibitoires on enlève à l'acheteur l'intérêt qu'il devrait avoir à soigner la bête malade et on rend le vendeur, qui souvent est éloigné, responsable de la négligence de l'acheteur.

Tout en maintenant ce mal au nombre des vices rédhibitoires, le Conseil d'État en avait changé la formule. En effet, il arrivait parfois que pour se mettre à l'abri de l'action en rédhibition, le propriétaire de la vache non délivrée, la vendait à un intermédiaire complaisant qui la revendait à son tour. Lorsque l'acheteur voulait exercer son recours, on objectait que « le part n'avait pas eu lieu chez le vendeur. »

Le Conseil d'État proposait de substituer aux mots « après le part chez le vendeur » la rédaction suivante : « si le part est antérieur à la livraison. »

Cette nouvelle formule peut être critiquée au point de vue de l'équité comme au point de vue du droit.

Les vaches se vendent souvent prêtes à vêler ; elles ne sont pas toujours livrées immédiatement après la vente ; la livraison est parfois remise à la fin de la foire ou au lendemain. Si la bête vendue vêle après la vente, mais avant la livraison, et s'il y a non-délivrance, pourquoi rendre le vendeur responsable ? n'est-ce pas se mettre en contradiction avec la règle de droit commun : *res perit domino ?*

La chose n'appartient-elle pas à l'acheteur, du moment que la vente est parfaite, c'est-à-dire au moment où l'accord est fait sur la chose et sur le prix, bien que l'objet de la vente n'ait pas été livré ?

D'ailleurs, la formule ancienne, comme la nouvelle, manque de précision.

Les suites de la non-délivrance n'ont, dans les cas ordinaires, aucune gravité ; et, dans les cas exceptionnels, l'animal peut toujours être tué et livré à la boucherie, sans perte considérable.

Par ces diverses considérations, la Commission estime qu'il n'y a pas avantage à conserver les suites de la non-délivrance au nombre des vices rédhibitoires, même en modifiant la formule de la loi de 1838.

Sous la loi de 1838, quatre vices rédhibitoires seulement existaient pour les animaux de l'espèce bovine ; le projet du gouvernement en supprime trois ; la Commission sénatoriale les supprime tous les quatre. Elle ne veut pas qu'un seul vice rédhibitoire persiste dans la loi nouvelle, pour les animaux de l'espèce bovine ; pour elle, plus d'action rédhibitoire pour cette dernière.

A la séance du Sénat du 18 juillet 1882, le projet du gouvernement, modifié par la Commission sénatoriale, est adopté en première lecture. Son adoption ne soulève aucune observation. De même, en seconde lecture, à la séance du 14 novembre 1882.

Le 25 novembre suivant, MM. de Mahy, ministre de l'Agriculture, et Fallières, ministre de l'Intérieur et des Cultes, présentent le projet adopté par le Sénat, à la Chambre des Députés. Ledit projet ne parle pas des animaux de l'espèce bovine, pour laquelle le Sénat a supprimé tous vices rédhibitoires. Saisie du projet, la Chambre des Députés nomme une Commission pour l'étudier et le rapporteur, M. Maunoury, donne lecture de son rapport à la séance du 5 juillet 1883. M. Maunoury propose à la Chambre d'adopter le projet de loi tel qu'il est sorti des délibérations du Sénat.

» Messieurs, dit M. Maunoury dans son rapport, en aucun temps notre législation n'a adopté l'application du droit commun en matière de garantie dans la vente d'animaux domestiques.

Le Code civil, après avoir posé les règles générales de la garantie à raison du vice caché de la chose vendue, ajoute cette disposition générale :

Article 1648. — « L'action pour les vices rédhibitoires doit être intentée par l'acquéreur dans un *bref délai*, suivant la nature des vices rédhibitoires, et *l'usage* des lieux où la vente a été faite. »

Par cette disposition, le nombre des vices cachés qui donnent lieu à la rédhibition est limité, et le délai pour intenter l'action est déterminé.

Cette dérogation au droit commun, à part son défaut d'uniformité dans l'application, est facile à justifier.... »

Et plus loin : « La loi du 20 mai 1838, qui repose sur les mêmes
considérations, a eu principalement pour objet de remplacer les
usages locaux par une législation uniforme. Cette loi, qui cons-
tituait un grand progrès et a rendu des services considérables à
l'Agriculture, a soulevé elle-même de sérieures objections.

Quelques-uns des vices rédhibitoires qu'elle admettait, ont
donné lieu à des abus ; un grand nombre de Conseils généraux
ont demandé que la nomenclature en fût révisée.

La Société centrale de Médecine vétérinaire fut consultée sur
la question, comme elle l'avait été pour l'étude de la loi du
20 mai 1838.

Son travail a servi de base à un projet de loi préparé par le
Conseil d'État et qui a été soumis au Sénat par le Gouvernement.
C'est ce projet, tel qu'il a été amendé par le Sénat, que votre
Commission vous propose d'adopter.

Le principe du projet est qu'il ne faut admettre comme vices
rédhibitoires que ceux dont la constatation est assurée dans l'état
des connaissances courantes de la science vétérinaire ; qu'il est
nécessaire que le vice accepté comme rédhibitoire ne puisse
être facilement simulé et soit de nature telle que son apparition,
dans le délai fixé, soit une preuve certaine qu'il préexistait à la
vente.

Ce principe était bien celui de la loi de 1838, mais les progrès
de la science vétérinaire permettent d'en faire une plus exacte
application et d'écarter de la liste des vices rédhibitoires, un certain nombre d'affections que la loi de 1838 admettait à ce titre.

*Il ne faut pas s'effrayer de ce que la liste des vices rédhibitoires
soit restreinte.*

Le vendeur y trouve plus de sécurité quand il est de bonne foi,
car le dol le rend responsable de tout vice quel qu'il soit (art 1er.)

Quant à l'acheteur, il a toujours le droit de se garantir par
des conventions particulières (même article). Il ne faut pas
perdre de vue, en effet, que le projet de loi ne constitue qu'une
présomption légale, à savoir que les contractants ont entendu
limiter la garantie à des vices déterminés, lorsqu'il n'y aura pas
de conventions particulières. »

Les vices rédhibitoires reconnus par le projet de loi (art. 2),
sont :

Pour le cheval, l'âne, le mulet :

La morve et le farcin ;

L'immobilité ;

L'emphysème pulmonaire ;

Le cornage chronique ;

Le tic proprement dit, avec ou sans usure des dents ;

Et les boiteries anciennes intermittentes.

Pour l'espèce ovine :

La clavelée.

Pour l'espèce porcine :

La ladrerie.

De l'espèce bovine, décidément hors de l'action rédhibitoire, pas un mot.

A la Chambre des Députés (séance du 29 juillet 1884), le rapport de M. Maunoury est adopté après discussion. Sur la proposition de MM. Bernard et Loubet, appuyée par MM. Rauline et Rodat, à la liste des vices rédhibitoires et malgré l'avis du Ministre de l'Agriculture, la Chambre ajoute la *fluxion périodique des yeux.*

Le projet de loi modifié par la Chambre est présenté au Sénat à sa séance du 31 juillet 1884, par MM. Méline, ministre de l'Agriculture, et Waldeck-Rousseau, ministre de l'Intérieur ; il y est adopté sans discussion et sans observation.

De toutes ces considérations, de l'esprit comme de la lettre de ces longues citations empruntées aux rapporteurs comme aux ministres qui ont déposé le projet de loi, ne résulte-t-il pas, avec évidence que, pour les animaux de l'espèce bovine, de même que pour le chien, par exemple, il n'existe plus désormais aucun vice rédhibitoire, alors même que le vice serait caché ; *que ces espèces, en un mot, sont réputées exemptes de tout vice rédhibitoire ?*

Ce que le législateur a voulu, et c'est là la raison d'être fondamentale de la loi, c'est exclure le bœuf de la rédhibition..... et pourquoi ? parce que les vices sur cet animal sont peu nombreux, peu graves, souvent difficiles, impossibles même à reconnaître et exposent, en conséquence, les parties à des procès longs, coûteux et parfois sans fin. M. Labiche, au Sénat, M. Maunoury, à la Chambre, se sont clairement expliqués à cet égard ; les modifications introduites par la loi du 2 août 1884 ont eu principalement pour but de diminuer le nombre des vices rédhibitoires des animaux domestiques, nombre restreint déjà par rapport à l'article 1641 par la loi du 20 mai 1838, et parmi ces animaux domestiques une espèce s'est rencontrée, l'espèce bovine, que le législateur a réputée exempte de vices rédhibitoires et pour laquelle il a prohibé, à moins de conventions contraires, bien entendu, toute action rédhibitoire.

Pour le cheval, trois vices rédhibitoires ont été supprimés : *L'épilepsie, les vieilles courbatures, les hernies inguinales intermittentes ;* deux modifiés : *Le tic sans usure des dents, la boiterie intermittente pour cause de vieux mal,* qui sont devenus dans la loi nouvelle : *le tic proprement dit avec ou sans usure des dents, et les boiteries anciennes intermittentes.*

Mais avec la doctrine de M. Le Pelletier, doctrine sanctionnée par quelques tribunaux, à quelles anomalies, à quels étranges résultats n'aboutirait-on pas ?

Comment ! ce droit commun, ce droit des articles 1641 et suivants qui a donné lieu à tant de procès dans le passé, qui nous reporte à des usages et à des délais qui depuis tant d'années n'ont plus cours, qui sont oubliés par le non-usage, qui sont tombés dans une désuétude demi-séculaire, comment ! c'est ce droit-là que vous voudriez rétablir, c'est à lui que vous voudriez nous reporter, alors que tout le condamne, son obscurité, son défaut d'uniformité, l'arbitraire qu'il permet aux tribunaux, la latitude qu'il laisse aux experts, les embarras qu'il cause aux parties, les chicanes qu'il éternise et les frais considérables dont il est l'occasion !

La loi du 2 août ne parle pas de l'espèce bovine, donc c'est le droit commun qui la régit, dit M. Le Pelletier. La loi n'en parle pas pour l'excellente raison qu'elle n'avait pas à en parler. L'espèce bovine est en dehors de la loi réglementant les vices rédhibitoires et énumérant les animaux dont la vente peut donner lieu à rédhibition. Ils ne sont pas nommés parce que nulle action rédhibitoire ne s'applique à leur espèce, voilà tout.

S'il s'agit du cheval, de l'âne et du mulet, animaux visés par la loi du 2 août, M. Le Pelletier admet, avec moi, que pour ces animaux sont seuls rédhibitoires les vices qui leur sont nominativement attribués et que les hernies inguinales intermittentes, que les vieilles courbatures, que l'épilepsie ne peuvent plus donner lieu à rédhibition.

Le projet de loi déposé par le gouvernement sur le bureau du Sénat avait supprimé trois sur quatre des défauts cachés et attribués par la loi de 1838 à l'espèce bovine : *il ne maintenait que les suites de la non-délivrance.* Supposons que le Sénat eût maintenu ce dernier vice ; supposons que la Chambre des députés l'eût maintenu également et qu'il eût été inscrit dans la loi du 2 août.

La conclusion de M. Le Pelletier serait apparemment celle de tout le monde : à savoir que, pour les animaux de l'espèce bovine, *les suites de la non-délivrance* seraient le seul vice qui pût désormais entraîner la rédhibition.

Or, voici que le Sénat, d'accord, en cela, avec la Chambre, estime qu'il y a encore trop d'un vice rédhibitoire pour cette espèce et il supprime, sans qu'aucune protestation s'élève pour son maintien, le dernier vice rédhibitoire qui lui reste.

Quelle conclusion tirer de cette suppression ? que pour les animaux de l'espèce bovine il n'existe plus de vices rédhibitoires et que l'action rédhibitoire pour ces animaux, à moins de convention contraire, ne peut plus être désormais valablement intentée.

Plus de vices rédhibitoires légaux pour l'espèce bovine, telle est la conséquence de la loi du 2 août 1884, conséquence que quelques-uns pourront regretter et sur laquelle on pourra longtemps disserter, mais qui s'impose et s'imposera nécessairement aux experts et aux tribunaux tant que la loi actuelle sur les vices rédhibitoires n'aura pas été abrogée et remplacée par une autre.

ANGERS, IMPRIMERIE LACHÈSE ET DOLBEAU.

9 782019 260187